AF459151

PUBLICATION DE LA RÉUNION DES OFFICIERS

NOTES

SUR LA

JUSTICE MILITAIRE

PAR

LE LIEUTENANT-COLONEL D'ÉTAT-MAJOR SENAULT

PARIS

IMPRIMERIE LALOUX FILS ET GUILLOT

7, rue des Canettes, 7

1878

NOTES

SUR LA

JUSTICE MILITAIRE

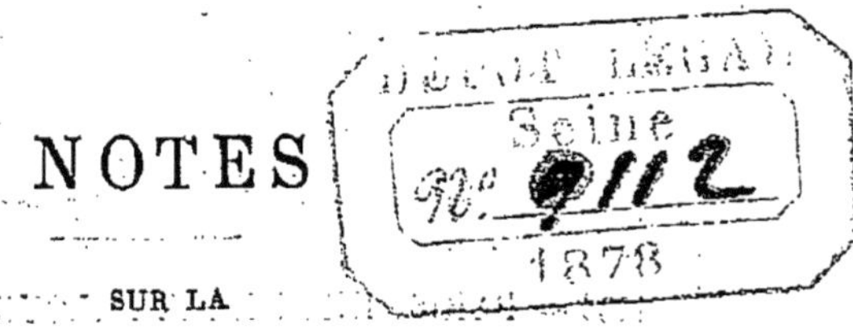

1236 — PARIS IMPRIMERIE LALOUX Fils et GUILLOT
7, rue des Canettes, 7

PUBLICATION DE LA RÉUNION DES OFFICIERS

NOTES

SUR LA

JUSTICE MILITAIRE

PAR

LE LIEUTENANT-COLONEL D'ÉTAT-MAJOR SENAULT

PARIS
IMPRIMERIE LALOUX FILS ET GUILLOT
7, rue des Canettes, 7

1878

PUBLICATION DE LA RÉUNION DES OFFICIERS

NOTES

SUR LA

JUSTICE MILITAIRE

[illegible]

PARIS
IMPRIMERIE LALOUX FILS ET GUILLOT
7, rue des Canettes, 7
[illegible]

NOTES

SUR LA

JUSTICE MILITAIRE

> Les désordres et les crimes que vous ne pourrez prévenir, punissez-les d'abord sérieusement. C'est une clémence que de faire d'abord des exemples qui arrêtent le cours de l'iniquité. Par un peu de sang répandu à propos, on en épargne beaucoup et on se met en état d'être craint sans user de beaucoup de rigueur.
>
> (*Télémaque*, liv. XII.)

La justice militaire aux armées a pour mission de maintenir dans le devoir des masses considérables d'hommes réunis pour la défense du pays. A défaut de patriotisme et du sentiment du devoir, la discipline est le seul lien qui les unit; si elle se relâche, l'armée devient le fléau du pays qu'elle doit défendre Cette nécessité de maintenir une discipline rigoureuse s'est fait sentir à toutes les époques critiques de l'histoire de France. Pour retenir les soldats autour du drapeau, pour défendre les habitants contre le pillage des gens de guerre, pour empêcher les désertions, on avait les cours prévôtales avant la Révolution. Elles jugeaient sans appel, elles punissaient les délits et les crimes séance tenante, les premiers avec le bâton, les verges ou la bouline, les seconds par la corde. On pendait beaucoup dans les armées de l'ancienne monarchie.

La Révolution abolit les cours prévôtales et voulut que la justice aux armées procédât comme la justice civile et donnât aux accusés des garanties contre l'arbitraire. Mais on reconnut bien vite que cette procédure, en retardant les effets de la justice, lui ôtait toute influence sur l'esprit des soldats. On voit donc à cette époque, à mesure que les périls grandissent, la justice devenir plus sévère, terrible même. Elle s'appelle alors la cour martiale.

Les mêmes nécessités se produisirent en 1870, pendant la guerre franco-allemande, et l'on dut rétablir la cour martiale pour maintenir la discipline dans les armées de province.

L'assemblée nationale, en 1875, admit la nécessité d'une répression rapide des fautes commises aux armées, mais voulant aussi assurer aux accusés des garanties contre les formes expéditives de la cour martiale, elle édicta la loi du 18 mai 1875, qui supprime quelques-unes des formes de la procédure des conseils de guerre.

Le législateur a pensé que cette loi suffirait et qu'il ne serait plus nécessaire, à l'avenir, de recourir à la justice sommaire des cours martiales. Son but a été de les abolir en armant le commandement d'un pouvoir suffisant, et cette pensée est fortement exprimée dans les considérants de la loi.

Nous nous proposons d'examiner si le législateur de 1875 a réellement atteint ce but, s'il ne s'est pas trompé, et si la nouvelle loi, ou bien si le code de justice militaire modifié par elle, répond à toutes les exigences de la guerre.

I

En temps de guerre, la justice doit remplir deux conditions essentielles, la première est d'atteindre toutes les fautes qui peuvent nuire à la sécurité de l'armée ou à la bonne exécution des opérations militaires, la deuxième est de réprimer ces fautes aussitôt qu'elles sont commises, et avec une sévérité telle que la crainte du châtiment retienne dans le devoir tous ceux qui seraient tentés de s'en écarter.

Ces deux conditions sont aussi importantes l'une que l'autre et doivent marcher de pair, car l'une prévoit les fautes de manière à n'en passer aucune sous silence, et l'autre les punit avec la rigueur et la rapidité nécessaires pour frapper le moral du soldat.

La justice militaire aux armées ne peut donc avoir d'effet salutaire que si elle remplit ces deux conditions. Si l'une ou l'autre n'existe que d'une manière incomplète, la discipline n'est plus défendue et le soldat s'y dérobe par tous les points où le conseil de guerre ne peut pas l'atteindre.

Le principe de la répression en matière de criminalité est que les peines doivent être proportionnées aux délits, et le Code pénal s'est efforcé d'établir une juste proportion entre la faute et le châtiment. On juge de la valeur d'un délit ou d'un crime par l'étendue du dommage qu'il cause et par les circonstances dans lesquelles il est commis.

Or les délits ou les crimes commis, en temps ordinaire, contre les personnes ou les propriétés, n'atteignent que des individus et ne compromettent nullement la société tout entière. Aux armées, les fautes prennent de très-grandes proportions, par la facilité et par la rapidité avec lesquelles elles se propagent par l'exemple; elles mettent en danger l'existence même de la nation, en compromettant le résultat des opérations militaires et le salut de l'armée.

Les délits et les crimes dans les armées en campagne prennent donc une valeur bien plus grande, qu'ils tirent des circonstances particulières dans lesquelles ils sont commis. On peut dire alors que les fautes n'ont plus de valeur par elles-mêmes, elles ont celle que leur donnent les résultats désastreux qu'elles peuvent produire. Un exemple fera ressortir cette pensée. En temps de paix, un soldat en se rendant au tir à la cible, jette dans un fossé le paquet de cartouches qu'il a reçu pour cet exercice. En arrivant sur le terrain de tir, il n'a plus ses cartouches, il déclare qu'il les a perdues, qu'il ne sait ce qu'il en a fait, etc.

Cet homme sera puni disciplinairement, quelques jours de prison suffiront pour punir cette faute, et on lui donnera d'autres cartouches pour exécuter son tir; il n'y perdra rien, et il n'est pas à craindre que son exemple soit contagieux. Mais en campagne, un soldat se débarrasse de ses cartouches, il s'allége d'un poids fatigant, il a bientôt des imitateurs, et si l'on est attaqué, la troupe dont ces hommes font partie manquera bientôt de munitions et il faudra la relever. Ce résultat sera remarqué, et si cette faute n'a pas été punie avec la dernière sévérité, le bataillon tout entier n'aura plus une seule cartouche quand il se trouvera de nouveau en présence de l'ennemi.

Ceci n'est pas une pure hypothèse, le fait s'est produit dans les armées de province; il a été constaté dans les marches et sur le champ de bataille. C'est par *millions* que le ministère de la guerre, à Tours, comptait les cartouches

Chassepot perdues de cette manière. Cette faute, qui n'est qu'un délit en temps de paix, est un acte de lâcheté en temps de guerre : sans parler du préjudice causé à la fortune de l'État, il compromet le succès des opérations militaires et devient alors un véritable crime qui doit être puni d'une manière terrible pour que le coupable n'ait pas d'imitateurs. Il faut de plus qu'il soit puni dans le plus court délai possible, parce que, pendant qu'on procède au jugement du coupable, les camarades perdent leurs cartouches et l'ennemi marche.

Autre exemple : le règlement du 3 mai 1832 sur le service des armées en campagne défend de tirer des armes à feu dans les marches et dans les camps, ainsi que de chasser. Cette prohibition n'a pas besoin d'être expliquée : les coups de feu peuvent donner de fausses alertes et causer des accidents. Il y eut un régiment de la deuxième armée de la Loire qui, formé peu de temps avant l'armistice, ne parut jamais devant l'ennemi. Cependant, quand on demanda les états de pertes, à la fin de la campagne, ce corps accusa 50 hommes tués ou blessés. Ils l'avaient été par des coups de fusil tirés dans les champs par leurs camarades ou par des hommes d'autres corps.

Des faits analogues se sont produits dans un corps d'armée avant la bataille de Sedan ; ils ne purent être réprimés comme ils auraient dû l'être parce que la loi martiale n'avait pas été proclamée et que le code de justice militaire n'avait pas prévu le cas.

C'est précisément ce qui fait qu'il faudra, selon nous, rétablir les cours martiales, parce que le code de justice militaire, tel que l'a laissé la loi du 18 mai 1875, ne remplit pas la première des conditions énoncées ci-dessus, celle d'atteindre toutes les fautes qui peuvent nuire à la sécurité de l'armée ou compromettre le sort des opérations militaires.

Le décret du 2 octobre 1870 sur les cours martiales permettait au contraire de réprimer cette faute : l'art. 6 dit en effet : « Sont punis de mort les crimes et délits suivants : assassinat..., etc... inexécution d'ordres compris et réitérés... destruction de munitions faite ou non en présence de l'ennemi..., etc. » Ce même décret remplit surtout la seconde condition, qui est de punir immédiatement et de ne pas permettre que la faute se propage par l'exemple. On verra plus loin que la loi du 18 mai 1875 n'atteint ce résultat que très-imparfaitement, quoiqu'elle ait été faite en vue de l'obtenir.

Le code de justice militaire a été fait pour réprimer les fautes qui ne sont pas suffisamment punies par les peines disciplinaires en usage dans les régiments, à savoir la consigne, la salle de police et la prison au corps. En campagne ces punitions disciplinaires n'existent plus, il n'y a plus ni consigne, ni salle de police, ni prison. Il ne reste que la garde du camp, punition insuffisante, qui souvent ne peut pas être appliquée à tous les coupables quand ils sont nombreux, parce que l'on ne peut pas ne mettre aux avant-postes que des hommes punis.

Le code de justice militaire est un code pour le temps de paix et non pas pour le temps de guerre. Il est naturel en effet que les délits ne soient pas punis en temps de paix avec autant de sévérité qu'en temps de guerre puisqu'ils n'ont pas la même gravité et n'entrainent pas les mêmes conséquences. S'il parait odieux de punir, même de la reclusion, le vol d'une poule pendant les manœuvres d'automne, dans une armée en campagne, on sera obligé de punir de mort ce simple délit pour arrêter la maraude.

Par conséquent, dès lors qu'on admet ce principe, qu'en temps de guerre, les délits n'ont plus la même valeur qu'en temps de paix, parce que les résultats qu'ils entraînent, peuvent être la perte de l'armée et la ruine de la nation, il s'ensuit nécessairement que la répression doit être plus sévère en temps de guerre qu'en temps de paix. Il faut donc un code particulier pour l'état de paix et un code particulier pour l'état de guerre. C'est pour ce motif qu'on a toujours proclamé la loi martiale dans les temps critiques, souvent trop tard, comme en 1870; elle est bien réellement le code de justice militaire du temps de guerre.

II

On se convaincra aisément de l'insuffisance du code de justice militaire en passant en revue les différents articles traitant des crimes, des délits et des peines. Pour avoir un point de comparaison, il est nécessaire de se reporter aux décrets de la Convention nationale qui ont été édictés pour maintenir la discipline pendant les grandes guerres de la révolution.

Jamais à aucune époque de son histoire, si ce n'est peut-être en 1870, la France n'a couru de si grands dangers. Il est donc très-utile de passer en revue les mesures prises par la Convention pour rendre la justice aux armées pendant un état de guerre qui peut se produire dans l'avenir, sinon dans la même forme, au moins avec les mêmes périls.

Tout d'abord on trouve une différence dans les termes employés. Le code actuel n'a qu'une expression pour marquer le moment où une faute atteint sa plus haute gravité. C'est : « *en présence de l'ennemi.* » La Convention se sert aussi de cette expression, mais elle en a une autre, qui est la suivante : « *dans les postes les plus près de l'ennemi.* » Celle du code est évidemment plus élastique, et le juge, selon qu'il sera modéré, acceptera aisément que la faute n'a pas été commise en présence de l'ennemi s'il n'y avait point combat. Comment, en effet, définir exactement les termes *en présence de l'ennemi?* sait-on jamais quand on est en présence de l'ennemi?

La Convention nationale, dans son décret du 13 mai 1793, semble avoir eu conscience de cette difficulté, car elle dit : section IV, art. 5 du décret : Tout soldat trouvé endormi en faction ou en vedette, dans *les postes les plus près de l'ennemi*, sera puni de mort. Cette rédaction semble préférable, car on sait au moins quels sont les postes les plus près de l'ennemi, tandis qu'on ne sait jamais avant que la fusillade ait commencé, si l'on est réellement en présence de l'ennemi.

A Forbach, les postes du 2e corps étaient certainement les plus près de l'ennemi, cependant le matin même de la bataille, on ne croyait pas encore être en présence de l'ennemi.

Si l'on compare maintenant l'art. 5 du décret du 12 mai 1793 avec l'art. 212 du code de justice militaire, on voit que dans ce dernier, la sentinelle ou la vedette trouvée endormie en présence de l'ennemi n'est punie que de deux à cinq ans de travaux publics, tandis que dans le premier c'est la mort. Il y a entre ces deux articles cette différence que l'un, celui de 1793, a été formulé en pleine guerre, tandis que l'autre, à soixante ans d'intervalle, l'a été en pleine paix. Si la législature de 1793, a cru devoir punir comme un crime de lèse-nation la faute de dormir en faction, c'est que les dangers dont on était entouré en faisaient toucher du doigt la nécessité; cette nécessité était depuis longt mps oubliée en 1857.

L'art. 5 du décret de la Convention devrait être remis en vigueur en temps de guerre, et avec la même rédaction; l'art. 8 du même décret vise la sentinelle qui n'exécute pas la consigne. Cette faute, qui n'est point prévue par le code, lequel vise seulement (art. 212) le militaire qui abandonne son poste sans avoir rempli sa consigne, cette faute est cependant très-possible : une sentinelle s'endort, son sommeil peut ne pas avoir été constaté par une patrouille ou par une ronde avant l'attaque de l'ennemi. Si elle s'est endormie dans un fossé ou derrière un abri quelconque, l'ennemi peut passer non loin d'elle sans la voir et sans en être aperçu. Il pourra même arriver que la sentinelle voie l'ennemi, mais, par crainte, n'ose pas faire feu et se dissimule. Cette sentinelle n'a pas exécuté sa consigne, qui est, avant toute chose, de prévenir de la présence de l'ennemi, et cependant on ne peut prouver contre elle soit qu'elle se soit endormie, soit qu'elle ait abandonné son poste. Le décret de la Convention dit donc justement, art. 8 : « Tout soldat en sentinelle ou en vedette qui n'aura pas exécuté sa consigne, sera traduit au tribunal criminel militaire, et si les suites en sont devenues funestes, il sera puni de mort; sinon, le tribunal appliquera la peine de discipline. » Cet article 8 doit donc être rétabli dans le code du temps de guerre.

L'art. 218 du code vise le cas où un militaire refuse d'obéir aux ordres de son supérieur.

« Art. 218. Est puni de mort, avec dégradation militaire, tout militaire qui refuse d'obéir lorsqu'il est commandé pour marcher contre l'ennemi ou pour tout autre service ordonné par son chef en présence de l'ennemi ou de rebelles armés. »

« Si, hors le cas prévu par le paragraphe précédent, la désobéissance a eu lieu sur un territoire en état de guerre ou de siége, la peine est de cinq à dix ans de travaux publics. »

Pour appliquer ces peines, il faut que le refus d'obéissance soit parfaitement caractérisé, il faut que l'homme ait refusé formellement d'obéir, et dans ce cas, le supérieur, avant de le traduire devant le conseil de guerre, a l'obligation de lui faire lire l'article du code. Des ordonnances de non-lieu ont été rendues parce que cette formalité n'avait pas été remplie. Elle n'est cependant pas écrite dans le code. Mais si le militaire ne refuse pas d'obéir et n'exécute pas l'ordre prescrit, s'il fait comme le grognard cité dans un livre qui eut avant la guerre un grand retentissement, et dit en lui-même : « Cause toujours, mon vieux, tu m'instruis, » le commandement reste absolument désarmé, il n'a rien à opposer à cette force d'inertie ; le code est muet. Or le refus d'obéissance se présente à chaque instant sous cette forme à la guerre, et la discipline, dans les armées de province en 1870, en avait été atteinte si profondément, qu'il en fut fait mention spéciale dans le décret du 2 octobre sur les cours martiales. Il s'exprime ainsi à l'art. 6 : « Seront punis de mort les crimes et délits suivants....., inexécution d'ordres compris et réitérés, avec intention d'opposer la force d'inertie...... »

Cette forme du refus d'obéissance n'est visée dans aucun des décrets de la Convention nationale; il semble qu'elle n'existât pas alors.

INSOUMISSION

L'art. 230 nouveau du code de justice militaire punit les insoumis en temps de guerre de deux à cinq ans d'emprisonnement, sans préjudice des dispositions spéciales édictées par l'art. 61 de la loi du 27 juillet 1872.

Cette répression a paru suffisante au législateur de 1875 ; elle le serait peut-être si elle était applicable ; or, si l'on examine ce qui s'est passé en 1870, pendant et après la guerre, on reconnaîtra qu'il est impossible de l'appliquer.

Elle eût été suffisante si la loi de recrutement de 1832 était restée en vigueur, parce que sous l'empire de cette loi, le nombre des hommes rappelés à l'activité en temps de guerre était peu considérable relativement au chiffre de la population totale de la France. La population avait alors intérêt à s'unir à l'autorité pour faire rejoindre les insoumis ; ceux-ci pouvaient rarement se cacher et trouver de l'aide auprès de leurs concitoyens ; ils étaient donc peu nombreux ; presque toujours arrêtés après peu de temps d'insoumission, et la répression édictée se trouvait suffisante pour punir les plus récalcitrants.

Il n'en est plus de même depuis 1870 ; toute la population étant appelée sous les drapeaux, elle est pour ainsi dire tout entière disposée à faire cause commune contre l'autorité. L'appel des gardes mobiles et des mobilisés en 1870 en est la démonstration éclatante. Le nombre des insoumis a dépassé ce qu'on pourrait supposer. La plupart des bataillons de gardes mobiles, surtout ceux des départements du midi, ne sont partis qu'avec les deux tiers à peine de l'effectif inscrit. Ces bataillons ont encore perdu en route beaucoup d'hommes qui, après quelques étapes, rentraient tranquillement chez eux. Ces insoumis ont-ils été punis ? la répression a-t-elle été rigoureuse après la guerre ? Que l'on consulte les archives des conseils de guerre des années 1871 et 1872 ; elles répondront que s'il avait fallu traduire tous les insoumis devant les conseils de guerre, les prisons n'auraient été ni assez grandes ni assez nombreuses. La répression a donc été presque nulle, parce que le nombre des coupables était infiniment trop grand pour qu'on pût les atteindre tous, et qu'il eût été d'une suprême injustice d'en punir seulement quelques-uns.

Cependant des poursuites ont été exercées et des réfractaires ont été punis.

Il est certain que cette triste expérience n'a pas été perdue pour les populations. Et cependant dans les villages, dans les villes, où l'on connaît parfaitement ceux qui y ont eu l'adresse de se soustraire au service militaire, on peut s'étonner qu'ils ne soient pas accablés du mépris public. Combien n'y en a-t-il pas parmi ceux qui ont alors obéi à la loi, qui regrettent aujourd'hui leur obéissance et qui se promettent, le cas échéant, de suivre l'exemple de ceux qui ont su s'y dérober. Enfin les enfants de ces derniers ne sont-ils pas destinés à être les insoumis de l'avenir et à faire comme ont fait leurs pères.

Ce qui vient à l'appui de tout ce qui précède, c'est la difficulté que trouve l'autorité militaire à obliger les hommes de la réserve et de l'armée territoriale à faire connaître leur changement de résidence. Si l'on songe que dans une petite ville de 7 à 8.000 âmes, 64 individus ont même refusé d'aller prendre à la mairie leur livret individuel seul lien qui, en temps de paix, les rattache à l'armée, on peut se demander ce qui arrivera quand il faudra mobiliser pour marcher à l'ennemi ; ce nombre 64 devra être multiplié par 10, par 100, par 1.000 peut-être.

Qu'il nous soit permis de rappeler à cette occasion les mesures draconiennes édictées par la Convention en présence de dangers qui ne sont peut-être pas plus terribles que ceux que nous réserve l'avenir.

Si l'on examine le décret rendu par cette assemblée le 2 frimaire an II, qui « établit une nouvelle organisation de l'infanterie à la solde de la république, ordonne d'y incorporer les citoyens de la première réquisition, et prononce des peines contre ceux qui ne se rendraient pas à leur destination, et contre leur famille, » on y lit à l'art. 18 : « Les citoyens compris dans l'effet de la première réquisition, qui se seraient cachés ou auraient abandonné leur domicile pour se soustraire à l'exécution de la loi, et qui ne se présenteront pas dans la décade qui suivra la publication du présent décret, pour se rendre à destination, seront censés *émigrés*, et comme tels, soumis, *eux et leur famille*, à toutes les dispositions des lois concernant les émigrés et les parents des émigrés. Les municipalités et les conseils de surveillance des communes sont spécialement chargés de dresser la liste de ces citoyens et d'en faire passer copie à la Convention nationale. »

Si l'on se reporte au titre IV de la loi du 25 brumaire an III, qui codifie les dispositions prises contre les émigrés dès l'an II, on lit, art. 1er : Les émigrés sont bannis à perpétuité du territoire français, et leurs biens sont acquis à la république.

Art. 2 : L'infraction à leur bannissement sera punie de mort. Cette loi est de l'an III. En l'an II, il n'y avait d'autre peine contre les émigrés que la mort. Ils n'étaient pas jugés par le jury, mais ils étaient traduits devant le tribunal révolutionnaire, et quand ce tribunal n'existait pas, devant une commission spéciale, qui était une véritable cour martiale.

Or est-ce qu'en 1870 il n'y a pas eu une véritable émigration en Italie, en Suisse, en Belgique et en Angleterre ? combien de familles ont alors quitté la France pour échapper aux obligations créées par la guerre.

En faisant ce rapprochement, nous ne prétendons pas justifier ce que les articles qui précédent renfermaient d'excessif et de barbare, notamment au point de vue de l'étendue des responsabilités, nous voulons seulement montrer combien la Convention tenait à empêcher l'insoumission, parce que cette assemblée sentait que si elle se propageait dans les populations, il n'arriverait pas aux armées la moitié des cent mille hommes que la première réquisition appelait sous les drapeaux.

On peut donc affirmer que l'art. 230 nouveau du code de justice militaire est complétement insuffisant pour empêcher l'insoumission en temps de guerre. Il ne l'arrêtera pas, parce que l'homme aura l'espérance d'échapper à la loi, la guerre ne pouvant durer longtemps.

La gendarmerie départementale, ayant un effectif moindre par suite de la constitution des prévôtés, aura beaucoup de peine à s'emparer des insoumis.

S'ils échappent pendant la guerre, ils sont presque assurés de l'impunité après la paix rétablie, comme il est arrivé en 1871. Cependant, si l'effectif de la gendarmerie départementale n'est pas diminué, si même il est augmenté au moyen des réservistes de cette arme, ce qui serait une excellente chose, si les insoumis sont arrêtés en grand nombre dès les premiers jours de la guerre, on préférera, en raison précisément de leur nombre, les expédier sur l'armée active plutôt que de les condamner à cinq ou six ans d'emprisonnement.

Là encore la Convention montre l'exemple ; par décret du 4 avril 1793, elle fait mettre en liberté tous les déserteurs condamnés aux fers antérieurement à la déclaration de guerre. C'était au lendemain de la défection de Dumouriez (2 avril). Tous les déserteurs ou insoumis, au lieu d'être frappés par la loi, sont ramenés au drapeau (loi du 10 thermidor an III). — Elle va plus loin, par les lois des 10 et 23 thermidor an III, elle proclame l'amnistie pour tous déserteurs ou insoumis, à condition de rejoindre dans un délai de dix jours. Par la loi du 4 frimaire an IV, elle proroge ce délai.

Les années suivantes, elle prend encore les mêmes mesures, elle proclame de nouveau l'amnistie le 17 vendémiaire an VI, et le 14 messidor an VII elle l'étend même aux militaires détenus pour désertion et attendant un jugement.

Toutes ces mesures prises par la Convention au milieu des événements les plus graves prouvent bien que les lois ordinaires du temps de paix sont impuissantes à empêcher et à réprimer l'insoumission. Il faut des mesures particulières, il n'y en aura pas de meilleures que celles qui consisteront à faire quelques exemples sur les insoumis les plus récalcitrants, à donner une grande publicité à ces exemples, et ensuite à diriger tous les coupables sur l'armée active.

DÉSERTION

Le décret de la Convention du 4 avril 1793 et les lois des 10 et 23 thermidor an III s'appliquaient aussi bien aux déserteurs qu'aux insoumis. La Convention ne faisait pas de différence. Le Code de justice militaire, art. 231 et suivants, fixe des peines différentes pour les différents cas de désertion; or dans la pratique, en temps de guerre, il est impossible d'appliquer la loi; pour s'en convaincre, il suffit d'examiner comment les choses se passent en campagne.

1° Dans les marches : des hommes, par fatigue ou mauvaise volonté, restent en arrière et finissent par perdre de vue le corps auquel ils appartiennent. Ils se trouvent alors avec un régiment dans lequel ils sont inconnus et où personne ne s'occupe d'eux. Ils passent la nuit dans quelque coin, le plus souvent dans un village où ils trouvent à vivre en mendiant. Ils restent ainsi séparés de leur corps, souvent pendant plusieurs jours, et ce n'est que par hasard qu'on les y ramène. Cette catégorie d'hommes est très-nombreuse. Quand ils ont pu quitter la route suivie par les colonnes, ils vont de village en village en dehors de cette route et sont dès lors appelés *fricoteurs;* ce ne sont plus des traînards. Quand ils sont rencontrés par la prévôté, ils ont toujours un prétexte à donner, ils promettent de rejoindre et font semblant de tenir leur promesse. Les gendarmes pourraient et devraient les arrêter; cependant ils se contentent presque toujours d'une promesse et vont plus loin, parce que dans leurs tournées ils ne sont que deux ou trois ensemble et qu'ils trouvent quelquefois vingt traînards dans une seule ferme; s'ils les arrêtaient, ils auraient bientôt trop de prisonniers et ne sauraient qu'en faire. Tous ces hommes sont perdus pour le jour de la bataille, quelques-uns rejoignent, mais le plus grand nombre ne rejoint jamais. Près de 30.000 hommes de l'armée de Sedan n'assistèrent pas à la bataille, étant restés en arrière. L'armée d'Italie, en 1859, avait derrière elle 25.000 fricoteurs au moment de la paix de Villafranca.

Si un bataillon de 1.000 hommes, perd seulement dix hommes de cette manière, ce qui ne fait que un pour cent de l'effectif; une division de 13 bataillons aura perdu 130 hommes dès les premiers jours de marche. Ils seront déclarés déserteurs après 48 heures d'absence. Si quelques-uns sont arrêtés, ils ne seront condamnés qu'après un temps assez long, pendant lequel le nombre de ces traînards s'augmentera encore. Les hommes arrêtés seront bientôt si nombreux qu'ils deviendront un embarras au quartier général et qu'on finira par les renvoyer à leur corps avec une punition disciplinaire purement nominale. Ceux qui seront traduits devant le conseil de guerre ne seront guère condamnés, car ces gens seront de bonne foi en déclarant qu'ils n'ont jamais voulu déserter, et en effet, ils sont simplement des traînards. Le Code de justice militaire sera donc tout à fait impuissant.

En 1871, pendant l'armistice, une division de 15.000 hommes fut réduite à 12.000 après onze jours de marche. Sur les 3.000 manquants, 1.000 environ rejoignirent leurs corps respectifs dans les deux ou trois premiers jours après l'arrivée dans les cantonnements. Sur les 2.000 qui ne rejoignirent jamais, on peut affirmer qu'il y avait au moins 1.500 fricoteurs ou déserteurs dont on n'entendit plus parler.

2° Après une affaire, après un combat, même heureux, les troupes qui y ont pris part sont plus ou moins dispersées. Les unités tactiques sont confondues et il faut un certain temps pour les reformer. Le lendemain, on rencontre partout des isolés à la recherche de leur compagnie; beaucoup d'hommes profitent alors de la circonstance pour rejoindre le plus tard possible ou ne pas rejoindre du tout.

Après une bataille perdue, le nombre de ces isolés est encore plus grand. L'armée battue a été prendre position en arrière; beaucoup d'hommes sont restés cachés dans les fermes, dans les villages aux environs du champ de bataille, ou bien ils se sont retirés dans une autre direction que celle suivie par l'armée; quelques-uns échangent leur uniforme contre une blouse et un pantalon, qu'ils obtiennent aisément des paysans, sous le prétexte d'échapper à l'ennemi. Parmi ceux-ci, il y en a qui rejoindront, mais on n'en saura que faire, il faudra les diriger sur les dépôts pour les équiper et armer de nouveau. Le plus grand nombre ne rejoindra jamais.

Les mesures édictées par le code de justice militaire au chapitre v, section II, seront donc insuffisantes pour maintenir, en temps de guerre, tout le monde au drapeau, soit dans les marches, soit après les combats. Il faudra certainement revenir alors, mais peut-être sera-t-il trop tard, à l'article 8 du décret du 2 octobre 1870. Cet article est ainsi conçu : Art. 8. « Seront traités comme maraudeurs et punis comme tels, les traînards avec ou sans armes que les chirurgiens du corps n'auront pas autorisés à suivre avec l'arrière-garde, et les traînards autorisés à suivre avec l'arrière-garde, s'ils ne marchent pas en ordre sous sa conduite. »

VENTE, DÉTOURNEMENT, MISE EN GAGE, ET RECEL DES EFFETS MILITAIRES

Le chapitre VI du code de justice militaire, article 244 et suivants traite de ces différents délits : vente, mise en gage, recel des effets militaires. La peine la plus forte est de cinq ans d'emprisonnement pour tout militaire qui vend son cheval, ou ses armes, etc... La peine n'est que de six mois à un an s'il s'agit des effets de petit équipement (linge et chaussure), ou de la mise en gage des effets d'armement, de grand équipement, etc. La loi ne fait pas de différence entre le temps de paix et le temps de guerre, la peine est la même dans les deux cas, si ce n'est que dans le second, le juge appliquera sans doute le maximum de la peine. Ainsi, le soldat qui au moment d'entrer en campagne, vendra ses souliers, sera puni d'un an de prison. Ce châtiment est-il suffisant? L'expérience a répondu.

En Algérie, lorsque des troupes étaient désignées pour faire une colonne dans le sud, on a vu des hommes vendre un effet de petit équipement, en vue de se faire condanmer à six mois ou même à un an de prison et d'échapper ainsi aux fatigues d'une expédition qui pouvait durer le même temps; il n'était pas rare, en effet, que des colonnes restassent dehors six mois et plus. Les chefs de corps, qui connaissaient le but de ces délits, au lieu de traduire les coupables devant le conseil de guerre, les faisaient partir tels quels avec leur bataillon, et on voyait quelquefois dans les colonnes, des hommes marcher avec le caleçon seulement, ayant vendu leur pantalon.

Il est évident qu'il vaudra toujours mieux, en campagne, suivre l'exemple de ces chefs de corps, ou bien avoir recours à des peines disciplinaires, que de retirer du rang un soldat qui n'a vendu ses effets que dans ce but.

Pour cette catégorie de délits, le Code de justice militaire ne satisfait pas non plus aux exigences du temps de guerre, et il punit avec trop d'indulgence des fautes qui peuvent être commises par les hommes, en vue d'échapper aux fatigues et aux dangers de la campagne.

L'article 13 de la loi du 12 mai 1793 punissait de cinq ans de fers la vente ou mise en gage d'un effet quelconque, sans distinction. Il était ainsi conçu : Art. 13. « Tout militaire qui vendra ou qui mettra en gage, en tout ou en partie, ses armes, son habillement, fourniment, ou son cheval ou équipement, le tout fourni par la nation, sera puni de cinq ans de fers. »

VOL

En campagne, le vol ne s'exerce au préjudice de l'État, par les soldats, que si les troupes pillent un magasin ou un convoi de vivres ; le fait est rare, cependant il s'est présenté en 1870, pendant les deux périodes de la guerre. Mais il s'exerce fréquemment au préjudice des habitants. Ce délit est visé par l'article 248 du Code ; la peine est la reclusion, ou un an à cinq ans d'emprisonnement, s'il y a des circonstances atténuantes. Pour beaucoup d'officiers, ces circonstances existent par le fait que les hommes ne pillent que les basses-cours, les granges ou les hangars, pour augmenter les ressources de l'ordinaire et se construire des abris. Cela s'appelle *chaparder* en langage militaire, et il y a des chefs qui, croyant aimer le soldat, ferment les yeux sur ces désordres. Au début, ce n'est d'abord qu'un ou deux hommes, qui, après l'arrivée au bivac s'en vont rôder autour des habitations, cherchant quelque proie, animal de basse-cour, bois et paille pour bivaquer. Le chapardeur est toujours bien accueilli à son retour, car il partage libéralement. Son exemple est vite suivi ; le lendemain chacun s'ingénie pour trouver quelque ruse, quelque objet à dérober pour en faire bénéficier les camarades.

On a vu, dans une tuilerie, un approvisionnement immense de bois disparaître en quelques minutes, des granges vidées, des meules de paille enlevées en moins d'un instant ; c'est un gaspillage absurde et coupable. On est donc bien vite débordé et si l'autorité supérieure veut faire cesser ces désordres, elle est arrêtée par l'indulgence et les lenteurs de la loi. En outre, les hommes ne se contentent pas toujours de prendre du bois et de la paille, ils s'adressent aux habitants, demandent des vivres, et si le moyen leur réussit, ils jettent ceux de l'administration, qu'ils regardent comme une charge inutile ; ils en arrivent à ne plus vouloir de certaines distributions, comme celles du biscuit, qu'ils trouvent un aliment désagréable.

Dans les armées de province, les hommes jetaient les vivres qui leur étaient distribués par les soins de l'intendance, puis allaient mendier dans les fermes, disant qu'on les laissait manquer de tout. Ce fait s'est aussi produit d'une manière affligeante pendant la marche sur Sedan.

Un jour, on fit une distribution de biscuit, dans la gare de Château-Renault, à un bataillon de mobiles qui allait monter en chemin de fer pour être dirigé sur Tours. Dès que les hommes furent montés dans les wagons, on vit l'alignement du bataillon dessiné sur le sol par des petits tas de biscuit, chaque mobile ayant déposé sa portion à la place qu'il occupait dans le rang.

En ce moment le train partit et toute la disribution fut perdue. Il aurait fallu, en descendant du train, faire fusiller un homme par compagnie et faire ensuite une nouvelle distribution de biscuit, celle-là eût été conservée précieusement.

Il existe encore beaucoup de délits, très-graves par leurs conséquences, qui peuvent être commis en temps de guerre, et qui ne sont point visés par le code de justice militaire. Ils sont punis tout au plus par des peines disciplinaires, et l'on sait qu'elles sont à peu près illusoires. L'article 273 enlève les délits de chasse à la juridiction des conseils de guerre ; l'article 181 du règlement du 3 mai 1832 sur le service en campagne se contente d'interdire la chasse aux militaires de tout grade, dans les camps et dans les marches. Ni le code, qui date du 9 juin 1857, ni le règlement du

3 mai 1872, quoique ce dernier défende, à l'article 130, de tirer des armes à feu pendant les marches, n'ont pu prévoir la fréquence actuelle de cette infraction à la discipline, ni les conséquences qu'elle pouvait entraîner, parce que les armes à tir rapide ne paraissaient pas devoir être jamais mises entre les mains du soldat quand le règlement sur le service des armées en campagne et le code de justice militaire ont été promulgués. Dans ce temps, les armes n'étaient jamais chargées dans les marches, et le soldat n'était point tenté de tirer un coup de fusil, vu le temps qu'il lui fallait pour charger son arme. Dans les camps, la nuit, les postes avaient seuls les armes chargées, et le lendemain à la garde descendante, elles étaient déchargées sur le front de bandière. Il n'en est plus de même aujourd'hui avec le fusil se chargeant par la culasse, une cartouche est bientôt mise ou retirée, et dans les colonnes où la discipline ne sera pas sévère, les hommes s'amuseront encore, comme en 1870, à tirailler sur toute espèce de gibier qui se lèvera devant eux; de là des accidents graves, des hommes tués ou blessés, sans compter la perte des munitions.

Une exécution capitale, pour ce délit, faite dès le premier jour de marche, couperait court à cette manie de tirailler et conserverait la vie à un grand nombre de camarades.

On a parlé plus haut des hommes qui se déchargent de leurs vivres en les laissant sur les routes, et qui vont ensuite mendier chez les habitants, prétendant qu'on ne leur fait aucune distribution et qu'on les laisse mourir de faim.

Il est arrivé aussi fréquemment que des soldats se sont allégés de la même manière de leurs munitions; ils n'avaient plus de cartouches dès que l'ennemi paraissait, et comme il était impossible de leur en procurer immédiatement d'autres, ils quittaient prestement le champ de bataille ou bien ils allaient se mettre à l'abri dans quelque chemin creux d'où l'on ne pouvait plus les faire sortir. C'est par millions que l'on compte les cartouches ainsi perdues pendant la dernière guerre.

Cet acte constitue un véritable crime, par l'entrave qu'il peut apporter aux opérations militaires et par la perte matérielle causée à l'État. On ne peut guère appliquer aux coupables que l'article 253 du Code de justice militaire, en assimilant la perte de quelques cartouches à la destruction d'un matériel de guerre. Un juge timoré acceptera difficilement cette assimilation ; du reste, pour que la peine de mort soit prononcée, il faut que l'acte ait été commis en présence de l'ennemi ; or c'est pendant les marches que les hommes jettent leurs cartouches, ou bien ils les oublient dans les maisons où ils ont passé la nuit. Chaque jour, en 1870, les paysans rapportaient des paquets de cartouches qui avaient été abandonnés chez eux. La peine est celle de la détention, si le crime n'a pas eu lieu en présence de l'ennemi. Cette peine est-elle suffisante, et ne peut-on pas craindre d'arriver à un résultat tout contraire à celui qu'on se propose avec des hommes qui souvent ne cherchent ainsi qu'un moyen d'éviter de faire la campagne ? Quelques exemples agiront-ils avec assez de force sur le moral du soldat pour l'obliger à conserver ses munitions avec un soin religieux ? — Il est permis d'en douter puisque le décret du 2 octobre dit expressément : art. 6. « Seront punis de mort les crimes et délits suivants !.... perte volontaire d'armes afin de ne pas marcher au feu ; *destruction de munitions dans le même but*, faite ou non en présence de l'ennemi, par lâcheté. »

Le transport par chemin de fer est aussi une cause de désordres très-graves pour les troupes mal disciplinées. On se souvient encore, il faut l'espérer, des trains militaires au début de la guerre en 1870. Les embarquements se faisaient dans le plus grand désordre ; beaucoup d'hommes étaient ivres. Une fois en route, dès que le train s'arrêtait, il y avait toujours des soldats qui descendaient des wagons, malgré les ordres et les cris des officiers ; ils allaient boire le vin que les habitants distribuaient gratuitement dans les gares.

Quand le train repartait, beaucoup d'entre eux restaient en arrière, qui n'avaient point le temps ou le désir de regagner leur compartiment. Pendant le trajet, c'était des chants, des cris, qui ne cessaient que par lassitude. Avait-on alors un seul moyen d'empêcher ces désordres ? en a-t-on un seul aujourd'hui ?

Il ne faut pas dire qu'ils ne se renouvelleront pas ; les hommes sont toujours les mêmes ; à chaque changement de garnison, il y a encore des hommes ivres.

Il faut songer que, sur un bataillon de 1.000 hommes, 600 au moins seront des réservistes qui ne connaîtront pas leurs chefs, et qui auront perdu l'habitude de la discipline.

Il sera impossible de la rétablir pendant les quelques jours qu'ils passeront en cantonnement, dans les chefs-lieux des subdivisions territoriales, avec les moyens de répression dont on dispose actuellement.

IVRESSE

La circulaire ministérielle du 6 mai 1873 traite de l'application à l'armée des dispositions de la loi du 23 janvier 1873, tendant à réprimer l'ivresse. Les délinquants peuvent être traduits devant un conseil de guerre ; la peine la plus forte est deux mois de prison pour la deuxième récidive et six mois pour la troisième. Cette pénalité ne change pas en temps de guerre, et il est bien évident qu'elle est insuffisante. Quel bon moyen d'éviter la campagne par une condamnation à six mois de prison! les délinquants seront nombreux, et l'on fermera les yeux, comme en 1870, par difficulté de sévir, impuissance à empêcher le mal. Les hommes qui s'enivrent en route sont tout de suite des traînards; ils arrivent tard au bivac; quand ils rejoignent leur compagnie, tous les services sont commandés, les corvées sont parties, on ne peut que les consigner au poste de police si, au moment de leur retour, il se trouve là quelqu'un pour les punir. Le lendemain ils recommenceront, jusqu'au jour où ils ne pourront plus retrouver leur compagnie. Ils donnent ainsi le plus mauvais exemple à leurs camarades, quand même, sous l'excitation de l'ivresse, ils ne commettent pas quelque acte d'insubordination qui les fasse tomber sous le coup d'un conseil de guerre.

Par une bienveillance que nous trouvons mal entendue, on laisse en paix le soldat ivre, dans la crainte de le pousser à commettre quelque délit en le surexcitant. Le règlement sur le service intérieur dit que la punition encourue par un homme ivre ne doit lui être infligée que lorsque l'état d'ivresse a cessé. — Cette manière d'agir peut être bonne en garnison, car le lendemain on peut faire mettre les coupables en prison, tandis qu'en campagne il faut se remettre en route, et l'ivrogne recommence à boire. Cette bienveillance est une véritable prime à l'ivrognerie. On devrait au contraire, le lendemain, les faire marcher avec les hommes punis de prison, à l'arrière-garde. Mais il faudrait que cette arrière-garde fût composée d'hommes très-vigoureux et très-énergiques, qui fussent toujours les mêmes et qui eussent la mission de mener durement les ivrognes et les indisciplinés. — Ces hommes seront difficiles à trouver dès le début de la campagne, et du reste, ce n'est pas ainsi que l'art. 76 du service des armées en campagne indique la manière de conduire les hommes punis.

Art. 76. « Le poste avancé de l'ancienne garde de police marche avec le régiment, entre le premier et le deuxième bataillon ; il a la baïonnette au canon ; les hommes punis de la prison marchent entre les deux rangs de ce poste ; s'il y a des criminels qu'il n'ait pas été possible d'envoyer à la prison du quartier général, ils sont attachés et gardés particulièrement ; un caporal marche derrière eux. En arrivant au camp, les prisonniers sont consignés au poste avancé de la nouvelle garde de police. »

La garde des prisonniers change donc tous les jours, elle est composée d'hommes qui sont eux-mêmes fatigués par le service de la veille et incapables de déployer l'énergie qu'il faudrait, pour que cette marche des prisonniers fût une véritable punition. Aussi, l'art. 76 est rarement appliqué dans les colonnes.

En campagne, les punitions corporelles devraient être permises vis-à-vis des ivrognes. Le décret de l'assemblée nationale des 14 et 15 septembre 1790 avait rétabli pour eux la question de l'eau, à raison d'une chopine par jour, que le coupable était obligé d'avaler d'un trait.

Dans les compagnies disciplinaires de l'Algérie, on attache quelquefois les ivrognes qui ne veulent pas rester tranquilles, les pieds et les mains ensemble, en diagonale derrière le dos, et on les laisse par terre sur le ventre, le nez dans la poussière ; les soldats appellent ce châtiment la crapaudine. La Convention avait conservé la punition du *piquet*, dans laquelle l'homme, attaché à un arbre et pieds nus, était contraint de porter le poids de son corps sur un piquet enfoncé dans le sol.

Il devrait être ordonné d'attacher les hommes ivres pendant plusieurs heures, en punition de l'ivresse. La honte et la souffrance qui résulteraient de ce châtiment suffiraient pour maintenir la tempérance. Le prince de Ligne dit en parlant de l'ivrognerie : « Ce crime-là est si horrible à mes yeux que je ne ferai jamais difficulté de faire assommer sous le bâton ceux qui y sont sujets. »

DES CONVOIS

Le code de justice militaire ne parle pas de l'abandon d'un convoi. Le chapitre II, qui traite des délits et des crimes contre le devoir militaire, a évidemment compris ce crime sous la rubrique « *abandon d'un poste;* » mais est-il toujours possible d'assimiler l'abandon d'un convoi à l'abandon d'un poste, surtout quand les convoyeurs sont des paysans? Il est vrai qu'ils appartiendront désormais à l'armée territoriale. Si le convoi a une escorte, c'est autre chose, elle ne peut abandonner le convoi sans abandonner son poste, et celui qui la commande en est responsable. Mais s'il n'y a avec le convoi que quelques cavaliers du train, ceux-ci doivent-ils être considérés comme l'escorte du convoi?

Voici un fait qui s'est passé en 1870 et qui peut se présenter encore. Pendant que le deuxième corps combattait sur les hauteurs de Spicheren, un convoi lui appartenant était rangé dans le ravin de Merlebach, sur le chemin de grande communication de Forbach à Puttelange.

Il était assez loin du champ de bataille et parfaitement abrité de ce côté par des hauteurs abruptes ; cependant un obus perdu vint éclater dans le ravin, sans causer de dommage ; aussitôt la panique se répand dans le convoi, les convoyeurs détellent leurs chevaux et prennent la fuite, quelques-uns même ne prennent pas la peine de les emmener, pour fuir plus vite. Il était environ trois heures du soir; à minuit, l'avant-garde de la division Castagny dirigée de Puttelange sur Forbach, trouvait ce convoi, quelques chevaux abandonnés encore attelés aux voitures, rien n'avait été touché, et cependant tout fut perdu, il fut impossible de retrouver les attelages pour emmener les voitures.

Il est évident que ce convoi n'a jamais couru aucun risque sérieux dans cette journée et que sa perte ne fut due qu'à la lâcheté de ceux qui en étaient chargés.

L'article 213 du code de justice militaire semble donc ne pouvoir s'appliquer qu'à l'escorte d'un convoi et non pas aux convoyeurs, qui sont souvent de malheureux paysans n'ayant qu'un brassard pour tout uniforme.

La Convention nationale avait parfaitement compris qu'on pouvait établir cette distinction entre l'escorte et les convoyeurs, et comme il pouvait arriver qu'un convoi n'eût pas d'escorte, elle avait décrété le 27 juillet 1793: Art. 3. « Les conducteurs d'artillerie, de charrois, de vivres, d'hôpitaux ambulants et autres, qui, pouvant sauver leurs voitures et leurs chevaux, seront convaincus d'avoir abandonné ces mêmes voitures, leurs canons et caissons, et d'avoir coupé les traits de leurs chevaux pour fuir, ou de les avoir vendus ou livrés à l'ennemi, seront soumis à la peine de mort et fusillés à la tête de l'armée. »

Cet article vise complétement le cas du convoi appartenant au deuxième corps; les voitures ont été abandonnées et les conducteurs ont dételé leurs chevaux pour fuir.

Le Code de justice militaire du temps de guerre devra donc contenir un article spécial punissant l'abandon d'un convoi. Cet article serait écrit en entier sur les lettres de voiture ou de service des convoyeurs, il leur serait lu, en outre, à plusieurs appels consécutifs.

III

Par tout ce qui précède on voit que le code de justice militaire ne peut pas atteindre, en temps de guerre, une foule de délits, rarement commis en temps de paix, mais prenant une gravité exceptionnelle en campagne par les conséquences qu'ils entraînent. Il est donc de toute nécessité d'avoir deux codes de justice militaire, l'un pour le temps de paix, l'autre pour le temps de guerre. Ce dernier doit être la loi martiale mieux réglée et mieux définie que par le décret du 2 octobre 1870.

Les arguments invoqués sont tirés d'exemples pris dans l'armée de Sedan et dans les armées de province, composées de troupes formées à la hâte, où la discipline devait être très-difficile à établir, tandis que les mêmes faits ont été beaucoup plus rares à l'armée du Rhin.

Il est à craindre que les armées de l'avenir ne ressemblent beaucoup plus aux armées de province en 1870 qu'à l'armée du Rhin. Cette dernière n'était composée que d'anciens soldats, dont la moyenne avait trois ans de service. Ils avaient *l'habitude* de la discipline, qu'un peu d'attention de la part des officiers suffisait à maintenir. Dans les armées de l'avenir, les hommes qui auront cette habitude seront en très-petit nombre ; ils seront noyés au milieu de réservistes qui l'auront presque entièrement perdue.

Les bataillons actuels sont de 350 à 400 hommes ; ils sont portés à 1.000 hommes par la mobilisation ; ils s'augmentent donc instantanément, en quarante-huit heures, de 600 à 700 réservistes ou disponibles.

Entre la formation de ces bataillons et l'entrée en campagne, l'arrivée en présence de l'ennemi, peut-être la première bataille, il se passera à peine une quinzaine de jours, pendant lesquels il sera bien difficile de faire reprendre à ces recrues les traditions oubliées. On se trouvera donc dans les mêmes conditions à peu près qu'à l'armée de Sedan, qui comptait environ un tiers d'anciens soldats contre deux tiers de rappelés.

Il n'y a pas, malheureusement, plusieurs moyens d'inculquer la discipline militaire aux hommes ; on n'en connaît que deux, qui sont : 1° *l'habitude*, en tenant les soldats longtemps au drapeau, par le service militaire de longue durée ; alors la discipline leur est apprise lentement, peu à peu jusqu'à ce qu'elle soit entrée en eux et fasse partie de leur chair et de leur sang ; 2° *par la crainte des châtiments*, quand le service est de courte durée ou qu'on n'a pas devant soi le temps nécessaire pour former les soldats.

Quels doivent être les châtiments ?

Il est évident qu'ils doivent être d'autant plus rigoureux qu'on a moins de temps entre le moment de l'appel des hommes et l'instant où on les présentera à l'ennemi.

Il y a en outre une corrélation forcée entre le but qu'on se propose et les moyens à employer pour y parvenir.

Le but, c'est d'obliger l'homme à affronter la mort sur le champ de bataille et à supporter, avant d'y arriver, des fatigues souvent pires que la mort.

Quel moyen employer pour obtenir ce résultat ?

Il faut évidemment qu'il soit supérieur aux fatigues et aux dangers du métier militaire.

Il n'y en a qu'un, c'est la mort. Que pourra faire la crainte de quelques années de prison sur le moral d'hommes quelquefois épuisés de fatigues et obligés de marcher sous le feu de l'ennemi, pour le combattre et le vaincre.

A la guerre, il n'y a qu'un châtiment sérieux, c'est la mort.

Il faut que tous les hommes qui composent une armée, à tous les degrés de la hiérarchie, soient enfermés dans ce dilemme : ou faire son devoir, supporter toutes fatigues et se battre bravement, on en revient; ou être saisi par la cour martiale, d'où l'on ne revient que pour mourir.

Quand on sera bien convaincu que toute infraction à la discipline sera aussitôt réprimée : aussitôt pris, aussitôt puni; qu'être traduit devant la cour martiale équivaut à un arrêt de mort, chacun se surveillera et fera son devoir.

Il ne faut pas dire qu'une pareille législation serait antihumaine, contre nature, elle sera simplement en rapport avec l'état de guerre. Quand un peuple se trouve dans cet état, la valeur des fautes des individus change complétement. Une faute qui, en temps ordinaire, n'atteint qu'un seul individu devient un crime irrémissible quand elle porte préjudice à la patrie, à la nation tout entière, dont elle peut causer la perte.

La loi martiale, malgré sa rigueur, observe encore les principes de la justice pure, tels qu'ils ont été posés par Beccaria : assigner au droit de punir l'utilité générale, établir la proportionnalité des peines aux délits.

On reproche à la procédure des cours martiales d'être trop rapide, d'ouvrir la porte à l'arbitraire et de permettre souvent que des innocents soient punis pour des coupables. — Ce reproche n'est réellement pas sérieux, car, en campagne, on n'arrête guère que les hommes pris en flagrant délit, lequel est toujours facile à constater. Il y a toujours à côté de la faute un fait brutal qui la met en relief.

Mais enfin, nous dira-t-on, si un innocent venait à être condamné et exécuté? A cette question faite pour troubler la conscience dans ses plus intimes replis, on peut répondre avec le prince de Ligne: « Ce que je vais dire est terrible; mais à la guerre, il vaut mieux punir un innocent que sauver un coupable. En examinant bien les effets de cette maxime, on trouvera même qu'elle est moins dure qu'elle n'en a l'air. » C'est que le châtiment, qu'il tombe sur un innocent ou sur un coupable, produira le même effet moral; plus grand même, en montrant qu'aucune considération ne peut arrêter, quand il s'agit de faire respecter la discipline. Or la discipline, c'est le salut de l'armée, c'est le facteur indispensable à ses succès, c'est l'existence même de la patrie.

Si le code de justice du temps de guerre existait, il ne serait ignoré de personne, les hommes le connaîtraient avant de revenir au drapeau. Lecture leur en serait faite tous les soirs à l'appel pendant les premiers jours de la mobilisation, jusqu'au moment du départ, et ensuite une fois par semaine, toutes les fois que les circonstances le permettraient. Sachant ainsi parfaitement à quoi ils s'exposent, et en même temps quels sont les motifs de la sévérité de la loi qui leur aurait été expliquée par les officiers, ils n'auraient aucune excuse pour réclamer l'indulgence.

Le prince de Ligne, déjà cité, qui avait passé la plus grande partie de sa vie dans les camps, faisant la guerre tour à tour, contre les Turcs, les Français ou les Prussiens de Frédéric II, est très-affirmatif sur les questions de discipline et il n'est pas inutile de rappeler quelques-unes de ses maximes : « Pendu au premier arbre. Cent coups de bâton dans l'occasion. Les officiers cassés pour la moindre faute. Point de procès et presque point d'examen aux avant-postes. » Voilà en quatre phrases toute la justice militaire en campagne.

Cependant cette application de la peine de mort et des châtiments corporels doit être réglementée, elle doit avoir forme et force de loi. Ce n'est point le chef qui punit, c'est la loi, expression de cette pensée supérieure qui préside à la guerre : le salut et le triomphe de la patrie. Il faut que la conscience du juge puisse rester paisible et sereine en ordonnant le châtiment le plus terrible. Il faut donc qu'il soit pénétré de la nécessité, de la grandeur et de la justice de sa mission. Il faut que la loi martiale fonctionne partout en même temps, et que l'armée tout entière lui soit soumise dès la publication de l'ordre de mobilisation. Il ne faut pas que le juge, siégeant sur quelque point du territoire, puisse croire qu'il fait partie d'un tribunal d'exception, car alors sa conscience se révolterait contre le rôle particulier qui lui serait imposé. Ce fut souvent le cas dans les armées de province, en 1870. Malgré les ordres donnés, toutes les divisions n'avaient point de cour martiale. Il arrivait qu'on envoyait les délinquants d'une division pour être jugés par la cour martiale qui siégeait dans une autre. Les juges hésitaient devant ce surcroît de besogne, et dès que l'indulgence les gagnait, elle s'étendait à tous. La loi martiale perdait alors tout prestige, car, ne pouvant prononcer que la peine de mort, ils acquittaient des coupables qui méritaient un châtiment.

Le prince de Ligne dit encore : « Où le sentiment finit le bâton commence. Point de milieu, les mezzo-termine ne valent jamais rien. Ou de l'honneur, ou la verge de fer. » C'est absolument vrai et il est impossible de mieux dire. Un grand nombre de militaires sont dirigés par le sentiment du devoir, qu'ils possèdent à un haut degré. Si une armée n'était composée que de tels hommes, elle serait invincible et l'on pourrait brûler tous les codes, ils n'ont pas été faits pour eux. Mais ces braves gens seront toujours en petit nombre, et pour les autres il faut une discipline rude et terrible.

On doit regretter que les châtiments corporels aient été supprimés en France, ils seraient très-utiles en campagne. Ils ont duré pendant toutes les guerres de la Révolution et de l'Empire, et n'ont disparu des habitudes et des mœurs qu'à la suite d'une longue paix. Les verges avaient été remplacées, il est vrai, *par la savate*, châtiment quelquefois rigoureux, qui laissait des traces dans la mémoire et sur le corps de ceux auxquels il avait été infligé. Les soldats l'appliquaient eux-mêmes pour punir les traînards et les maraudeurs. Le soir de la bataille d'Eylau, deux artilleurs du corps du maréchal Davout, ayant été absents de leur compagnie pendant cette journée, et étant arrivés trop tard pour assister à la bataille, leurs camarades s'assemblèrent le soir au bivac, les jugèrent, et n'ayant pas goûté leurs raisons, leur infligèrent le châtiment burlesque que les soldats appellent la savate. (Thiers, livre VIII.)

Cette justice disciplinaire des soldats par eux-mêmes était de tradition dans la grande armée ; grâce à elle, dans la campagne d'Austerlitz, les maraudeurs s'étaient à peine fait voir. Que de bonnes traditions l'armée française pourra retrouver dans son passé !

Le maréchal de Saxe, dans le livre intitulé *Mes rêveries*, regrette vivement certains châtiments qu'on n'appliquait plus déjà de son temps, particulièrement les baguettes, « qu'on avait avilies en les infligeant aux valets et aux filles de mauvaise vie. Elles ne devraient point l'être, parce que ce sont les camarades qui châtient. »

Tout le passage est à citer, afin qu'on ne puisse pas en tirer un argument contre la loi martiale.

« Il ne faut pas que les châtiments soient rudes. Plus ils seront doux et plus promptement vous remédierez aux abus, parce que tout le monde concourra à les faire cesser.

« On a une méthode pernicieuse en France, qui est de toujours punir de mort. Un soldat qui est pris en maraude est pendu : cela fait que personne ne les arrête, parce que chacun répugne à faire mourir un misérable, pour avoir été chercher souvent de quoi vivre. Si on les remettait seulement au prévôt; qu'il y eût une chaîne, comme aux galères; qu'ils fussent condamnés au pain et à l'eau pour un, deux, ou trois mois; qu'on leur fît faire les ouvrages qui se trouvent toujours à faire dans une armée, et qu'on les renvoyât à leurs régiments la veille d'une affaire ou lorsque le général le jugerait à propos; tout le monde concourrait à cette punition, les officiers des grandes gardes et des postes avancés les arrêteraient par centaines, et bientôt il n'y aurait plus de maraude, parce que tout le monde, courant dessus, y tiendrait la main. A présent, il n'y a que les malheureux de pris. Le grand prévôt et tout le monde, quand ils en voient, détournent la vue. Le général crie à cause des désordres qui se commettent; enfin le grand prévôt en prend un, il est pendu; et les soldats disent qu'il n'y a que les malheureux qui perdent. Est-ce conserver la discipline? Non. »

Ce qu'il faut tirer de cette citation, c'est que le maréchal de Saxe regrette de ne pas avoir à sa disposition une échelle de châtiments corporels qui évite la nécessité de recourir souvent à la peine de mort. Il indique ces châtiments : la chaîne comme aux galères, le travail forcé, les baguettes.

Il faut chercher dans quelle mesure on pourrait les appliquer aujourd'hui à l'armée française; mais le tableau, que le maréchal fait de la misère du soldat à son époque, n'est plus vrai aujourd'hui. Il est évident qu'il serait souverainement injuste de punir des hommes qui maraudent pour vivre, quand on ne leur fait point de distributions. On a vu plus haut ce que beaucoup d'entre eux faisaient de leurs vivres en 1870, et que leur misère, plus apparente que réelle, n'était qu'un prétexte pour quitter le drapeau. Il est certain qu'à la guerre, il y a des jours de famine, pendant les grandes concentrations, la veille d'une bataille, le jour même, et quelquefois le lendemain de la bataille. Mais il n'est aucune puissance humaine capable de faire arriver les convois ces jours-là, et c'est précisément pour parer à cette éventualité que tous, officiers et soldats, doivent porter sur eux deux jours de vivres, dits de réserve, auxquels il est interdit de toucher sans autorisation.

Dans les marches, les convois suivent de très-près et, grâce aux chemins de fer, des magasins sont rapidement constitués sur les derrières de l'armée, pour alimenter les convois. Si néanmoins les distributions viennent à manquer, le commandement peut, au moyen de la loi sur les réquisitions, mettre en œuvre toutes les ressources du pays occupé et pourvoir à la subsistance de l'armée. Actuellement, l'homme qui maraude doit être assimilé à celui qui détruit des approvisionnements de l'État et non plus à un simple voleur, car il dilapide des ressources qui devaient servir au bien général. On a donc aujourd'hui le droit de réprimer la maraude avec la dernière rigueur, puisque toutes les productions du pays sont mises régulièrement à la disposition de l'armée par la loi du 3 juillet 1877, et doivent servir à l'alimentation des troupes qui sont trop en avant pour pouvoir recevoir des vivres de l'administration.

Il est certain qu'il serait excellent d'avoir, en campagne, une échelle de châtiments qui permît de n'avoir recours à la loi martiale que pour punir l'insubordination ou la révolte. On devrait avoir le droit d'attacher les ivrognes, de les mettre au pain et à l'eau.

L'établissement d'une chaîne comme aux galères, que demande le maréchal de Saxe, est difficile avec nos mœurs; mais la pensée de faire travailler les hommes punis aux ouvrages qui se trouvent toujours à faire dans une armée est d'une pratique aisée, surtout aujourd'hui.

Il est à présumer que dans les guerres futures on emploiera la fortification passagère beaucoup plus qu'on ne l'a fait en 1870. Les généraux prudents, en arrivant au bivac, commenceront par faire creuser des tranchées-abris et élever des épaulements sur les positions favorables à l'artillerie, même construire des redoutes, quoique ne devant passer que la nuit sur les positions occupées. Ils prendront l'habitude d'établir chaque jour une sorte de fortification dite de sûreté, complétant le service actuel de sûreté fourni par les avant postes.

Les traînards ramenés par les patrouilles ou par la gendarmerie, les hommes punis, seraient employés à cette fortification; quand le travail nécessaire à la sécurité de la posisition, auquel tout le monde est obligé de prendre part pour le mener plus vite, aurait été terminé, ils formeraient des ateliers, et pendant que leurs camarades se reposeraient, ils continueraient à travailler pour porter les ouvrages à leur perfection.

Ceux d'entre eux qui montreraient alors de l'insubordination seraient immédiatement traduits devant la cour martiale, condamnés à mort, et fusillés le lendemain matin, au moment du départ.

On sera assuré de cette manière de ne pas frapper un innocent, et la discipline sera forte et respectée.

Pour obtenir que les hommes prennent part à la répression, il suffira de leur faire comprendre que les traînards, qui ne sont jamais là quand on arrive au bivac et quand on commande le service, font marcher à leur place, pour les corvées ou pour les gardes, leurs camarades, dont le tour est ainsi avancé. Ils comprendront aussi les dangers que leur font courir ceux qui tirent des coups de fusil dans les marches ou dans les camps, qui donnent de fausses alertes, et enfin que les lâches qui jettent leurs cartouches ou leurs vivres compromettent le succès de la campagne et le salut du pays. Alors ils se constitueront eux-mêmes en tribunal militaire, comme les artilleurs d'Eylau, et sauront trouver des châtiments pour les mauvais soldats. Mais il faut du temps et toute l'intelligence des officiers pour faire cette éducation des hommes. En attendant, il faut frapper leur moral dès le début par quelques exemples sévères; ils comprendront ensuite. « Il est incontestable, dit Ternay, que la manière dont la machine militaire est montée à l'ouverture de la campagne influe beaucoup sur la manière dont elle se soutient pendant tout son cours. » Si la discipline est tout d'abord forte et rigoureuse, elle se soutiendra pendant tout le temps de la guerre; si, au contraire, elle se relâche au commencement de la campagne, on aura la plus grande difficulté à la rétablir.

Qu'on ne croie pas cependant que cette excessive sévérité, ces terribles exemples du commencement doivent être renouvelés à chaque instant. On se tromperait. Fénelon a dit très-justement : « C'est une clémence que de faire d'abord des exemples qui arrêtent le cours de l'iniquité. Par un peu de sang répandu à propos, on en épargne beaucoup, et l'on se met en état d'être craint sans user beaucoup de rigueur. »

La proclamation de la loi martiale dès la publication de l'ordre de mobilisation n'est absolument que l'application de cette maxime du législateur de Salente à la conduite des armées. Si le second jour de la mobilisation il se produit un acte d'indiscipline et qu'on fusille le coupable, fût-il seulement arrivé la veille, on peut être certain que la mobilisation se fera rapidement et que le plus grand calme régnera dans les chefs-lieux de subdivision, malgré le grand nombre d'hommes qui s'y trouveront réunis tout à coup.

Il sera facile ensuite de réprimer les délits et de maintenir la discipline au moyen des seules peines disciplinaires. On n'aura plus besoin de recourir à la loi martiale que dans des cas très-graves. On saura qu'elle veille, et cela suffira. La parole de Fénelon se trouvera ainsi vérifiée: quelques rigueurs au début permettront ensuite d'user de clémence; cependant la loi martiale sera toujours présente et prête à frapper les mutins et les lâches.

IV

Quoique le législateur de 1875 n'ait point voulu faire un code de justice militaire particulier pour le temps de guerre, il a reconnu néanmoins qu'il était nécessaire de donner une allure plus vive à la procédure des conseils de guerre près des armées en campagne. Il admet en principe que la justice doit frapper, dans ces temps critiques, avec plus de rapidité, pour agir sur le moral du soldat, et aussi parce que les circonstances ne permettent pas une longue procédure.

Cependant, si celle suivie par les conseils de guerre en temps de paix est trop lente, celle des cours martiales lui a paru trop rapide et ne donnant pas assez de garanties aux prévenus contre l'entraînement du juge.

Le législateur a donc cherché un moyen terme, et il a modifié l'article 156 du code par la loi du 18 mai 1875.

Il reste à examiner maintenant si l'article 156 nouveau répond bien aux nécessités de la guerre. C'est facile en suivant une plainte en conseil de guerre, depuis le moment où elle est établie par le corps jusqu'au moment de la comparution du prévenu devant le conseil.

Mais il se présente d'abord une première difficulté, à laquelle le législateur n'a point songé, et qui tient à la durée des fonctions du président et des juges. Ils sont nommés pour six mois, et ne peuvent être remplacés dans un délai moindre que s'ils cessent d'être employés dans la division. (Art.6 du code de justice militaire.)

Or il sera souvent très-difficile d'obéir aux prescriptions de cet article, parce que les officiers désignés pour composer le conseil, ne cessant point leur service de régiment, pourront être détachés avec leur troupe à de telles distances du quartier général où siége le conseil de guerre, qu'il leur sera très-pénible de venir prendre part à ses délibérations. Il faudra les remplacer dans leur service et les faire venir au quartier général, ce qui sera une perte de temps d'au moins vingt-quatre heures et peut-être davantage. Cependant le général de division peut remplacer provisoirement le président ou un juge empêché, mais il faudra constater l'empêchement d'abord, et ensuite prendre les ordres du général ; la perte de temps est donc la même. Mais ce n'est point l'objection principale à la durée des fonctions imposée par le code. Six mois, c'est presque toute la durée de la campagne ; or, en temps de guerre, ces fonctions constituent un devoir très-pénible, non-seulement au point de vue physique, par l'obligation imposée aux officiers de prendre le plus souvent sur leur repos le temps qu'ils passent à siéger, mais surtout au point de vue moral, s'il se présente d'abord quelques cas entraînant des condamnations à mort. C'est un fait d'expérience établi par la campagne de 1870 : le juge, après trois condamnations à mort, n'en veut plus; sa sensibilité se révolte, et alors il acquitte ou prononce des peines insignifiantes.

Le décret du 2 octobre 1870, sur les cours martiales, était donc très-sage en fixant à quinze jours seulement la durée des fonctions de juge.

Cependant il semble encore préférable de revenir au décret de la Convention du 12 mai 1793.—Il dit, article 7: « Les juges seront renouvelés, autant que faire se pourra, à chaque vacation, c'est-à-dire après que les prévenus pour lesquels ils auront été convoqués seront définitivement jugés.

Cette méthode est certainement la meilleure en temps de guerre ; elle est la seule qui protége la loi contre la sensibilité et la lassitude des juges. Cette sensibilité inhérente à la nature humaine est telle qu'il faudra même avoir soin de ne pas mettre à la même vacation un trop grand nombre d'affaires, car il est démontré que la cour sera plus indulgente pour les derniers accusés que pour les premiers.

On ne devra donc pas, autant que possible, faire juger plus de trois accusés par séance.

Il existe encore une autre entrave à la rapidité des jugements, c'est que le général de division, qui a qualité pour traduire directement les coupables devant le conseil de guerre, sans instruction préalable (art. 156 nouveau), ne peut pas suspendre le pourvoi en révision. Or, si le droit de se pourvoir en révision subsiste, un nombre de jours indéterminé s'écoulera entre le prononcé du jugement et l'application de la peine.

Il est à présumer qu'il n'y aura qu'un conseil de révision par corps d'armée; l'affaire devra donc prendre son tour, et la sentence du conseil de guerre ne pourra être confirmée qu'après un certain nombre de jours, pendant lesquels le général de division, le président du conseil de guerre, les juges, le commissaire rapporteur et les témoins ont le temps de disparaître dans une bataille, tandis que le condamné reste sain et sauf à la remorque du quartier général.

Si, par hasard, l'arrêt du conseil de guerre est cassé pour vice de forme, l'affaire sera renvoyée devant un autre conseil, qui recommencera toute la procédure et sera bien embarrassé si les témoins ont disparu, blessés ou tués.

Ou l'accusé sera renvoyé des fins de la plainte, faute de preuves, ou la peine sera abaissée. En tout cas l'occasion de punir sera passée, et l'effet moral qu'on attendait en faisant appliquer le châtiment aussitôt après la faute commise, ne pourra pas être obtenu. Le maintien du pourvoi en révision va donc tout à fait à l'encontre du but que le législateur a visé en autorisant le général de division, par l'article 156 nouveau, à traduire directement l'accusé devant le conseil, sans faire l'instruction préalable. Il faudrait donc au moins reviser l'article 71 nouveau du code et dire que le recours en révision sera toujours suspendu toutes les fois que le général de division jugera à propos de faire traduire les coupables devant le conseil de guerre.

Les conseils de guerre aux armées ne peuvent entrer en fonctions qu'après le commencement des hostilités ou si le territoire est mis en état de siége. Si cette dernière condition n'est pas remplie, les militaires sont soumis, pendant toute la période de mobilisation, à la juridiction des conseils de guerre établis à l'intérieur. Or, comme on a essayé de le démontrer, c'est précisément pendant cette période qu'il serait le plus nécessaire de frapper le moral des hommes par quelques mesures de rigueur, pour les rappeler le plus tôt possible au respect de la discipline.

Si le gouvernement ne met pas toute la France en état de siége dès la déclaration de guerre, et ne proclame cet état que pour les territoires compris dans l'échiquier stratégique, comment pourra-t-on établir la discipline dans les centres d'instruction ou de réunion des réserves et de l'armée territoriale, quand il ne restera plus d'anciens soldats et que les divers emplois seront tenus par des officiers retraités, rappelés à l'activité pour la circonstance ? On ne pourra certainement pas y parvenir et l'on verra forcément se reproduire certaines scènes déplorables de notre dernière guerre.

Si l'on suppose le recours en révision suspendu, quelle est la filière que suivra une plainte en conseil de guerre ?

Combien de temps faudra-t-il entre le moment où l'homme est arrêté et celui de l'exécution du jugement ?

Dès qu'un militaire a commis un délit qui le rend justiciable du conseil de guerre, le chef de corps, comme officier de police judiciaire, fait établir les procès-verbaux de l'enquête prescrite par l'instruction ministérielle du 23 juillet 1875.

On pourrait admettre que l'enquête sera faite le jour même du délit ; dans la pratique elle ne sera terminée que le lendemain, parce qu'il faut le temps d'établir les pièces qui doivent accompagner la plainte.

Il faut donc compter deux jours pour cette première opération. Le dossier est envoyé à l'état-major de la division, où il est examiné. Le général donne les ordres de convocation pour la réunion du conseil, et envoie au colonel du régiment auquel appartient le prévenu l'ordre de le remettre entre les mains de la prévôté, qui doit le conduire à la prison du quartier général. *Il faut bien deux jours encore pour ces différentes opérations.* Enfin l'accusé étant mis à la disposition du commissaire rapporteur, celui-ci doit lui faire la citation, le matin, vingt-quatre heures avant la réunion du conseil. Total cinq jours. Le conseil se réunit le sixième jour, et si l'accusé est condamné à mort, l'exécution a lieu le septième jour au matin.

Si le délit a été commis pendant la période de mobilisation, les troupes seront déjà parties quand le jugement sera prononcé, et l'exécution sera de nul effet sur leur moral.

Il sera impossible de faire aucun exemple durant cette période et, par conséquent, d'empêcher les fautes contre la discipline et les mutineries. Les embarquements en chemin de fer en souffriront, et les officiers auront la plus grande peine à les faire exécuter avec ordre,

Mais ce délai de sept jours, qui est un minimum qu'on pourra peut-être atteindre pendant les marches, quand la division est groupée et ne forme qu'une seule colonne, sera forcément dépassé tant que la concentration ne sera pas terminée ; en effet il n'y a qu'un seul conseil de guerre par division, c'est-à-dire pour quatre subdivisions de région. Le temps sera donc nécessairement augmenté pour trois des subdivisions, qui seront obligées de s'adresser à la quatrième, où siégera le conseil.

Il n'en sera pas de même pour les cours martiales, qui fonctionnent dans tout rassemblement de troupes d'au moins un bataillon. Enfin, même en marche, quand la division sera réunie, si l'on est à proximité de l'ennemi, il peut arriver, durant les six jours nécessaires à la procédure, tel événement de guerre qui disperse le conseil de guerre et les témoins, et supprime la plainte en laissant le coupable. Il suffira d'une bataille, d'un combat, ou simplement de marches forcées, pendant lesquelles on arrive au bivac trop fatigué et trop préoccupé de la situation militaire pour avoir le temps de donner attention à toute autre affaire.

En temps de guerre, la loi martiale est donc le seul code de justice militaire qui soit applicable, et c'est en même temps le plus humain, car quelques exemples au début suffiront pour faire respecter la discipline pendant tout le reste de la campagne, et pour empêcher mille désordres, qui finissent par causer de très-grands malheurs.

Il faut que la loi martiale soit promulguée dès le temps de paix, pour que chacun la connaisse et sache bien le jour précis où elle entre en vigueur, tous autres tribunaux étant suspendus. Alors les comités d'armes pourront introduire cette loi dans les règlements mis entre les mains des hommes en temps de paix, — tels que l'instruction sur le service en campagne des troupes de cavalerie et d'infanterie du 17 février et du 4 octobre 1875, et même dans le règlement sur le service intérieur du 2 novembre 1833, de sorte que tout citoyen ayant passé sous les drapeaux saura qu'il existe des cours martiales en temps de guerre, tout aussi bien qu'il sait actuellement qu'il y a des conseils de guerre.

Les instructions sur le service en campagne des troupes d'infanterie et de cavalerie sont divisées en un certain nombre de parties, dont la dernière comprend quatre chapitres. Dans chacune de ces instructions, il suffira donc d'ajouter un cinquième chapitre, qui sera intitulé *De la discipline et de la justice militaire aux armées en campagne.*

Ce chapitre pourrrait être le suivant :

V

DE LA DISCIPLINE ET DE LA JUSTICE MILITAIRE DANS LES ARMÉES EN CAMPAGNE

La discipline faisant la force principale des armées, il importe que tout supérieur obtienne de ses subordonnés une obéissance entière et une soumission de tous les instants; que les ordres soient exécutés littéralement, sans observation ni murmure : l'autorité qui les donne en est responsable, et la réclamation n'est permise à l'inférieur que lorsqu'il a obéi.

Sont réputées fautes contre la discipline et punies comme telles, suivant leur gravité :

De la part du supérieur, tout propos injurieux, toute voie de fait envers un subordonné, toute punition injustement infligée;

De la part de l'inférieur, tout murmure, mauvais propos ou défaut d'obéissance, quelque raison qu'il croie avoir de se plaindre; l'infraction des punitions; l'ivresse, pour peu qu'elle trouble l'ordre public ou militaire; les querelles entre militaires ou avec des citoyens; le manque aux appels, à l'instruction, aux différents services; les contraventions aux ordres et aux règles de police; enfin toute faute contre le devoir militaire, provenant de négligence, de paresse ou de mauvaise volonté.

Les fautes sont toujours plus graves quand elles sont réitérées et surtout habituelles, quand elles ont eu lieu pendant la durée du service, ou lorsqu'il s'y joint quelque circon stance qui peut porter atteinte à l'honneur ou entraîner le désordre (1). En campagne les plus petites fautes prennent une gravité exceptionnelle, par suite des conséquences désastreuses qu'elles peuvent avoir pour le salut de l'armée et le succès des opérations militaires ; il est donc juste qu'elles soient punies plus sévèrement qu'en temps de paix.

En campagne, les punitions à infliger sont :

1° La garde de police ;

2° Les corvées ;

3° La garde du camp, le doublement des sentinelles ou vedettes ; mais l'une des deux appartiendra toujours à la fraction constituée de la grand'garde ;

4° Le travail forcé aux fortifications du camp ;

5° La prison ;

6° Les hommes en prison peuvent être mis au pain et à l'eau ; les hommes ivres qui causent du désordre peuvent être attachés.

Les traînards et les hommes arrêtés en dehors de leur route, soit par les détachements formés à cet effet, soit par la prévôté sont ramenés à leur corps, où ils sont punis.

La prévôté arrêtera d'elle-même tous les délinquants quels qu'ils soient, officiers ou non, et dressera ses procès-verbaux des délits commis, qui seront aussitôt transmis au commandant des troupes. Contre les délinquants qui tenteraient de faire résistance ou qui opposeraient la force d'inertie, elle fera usage de ses armes.

Le poste avancé de l'ancienne garde de police marche avec le régiment, entre le premier et le deuxième bataillon ; il a

(1) Tout ce préambule est tiré du Service intérieur du 2 novembre 1833.

la baïonnette au canon ; les hommes punis de la prison marchent entre les deux rangs de ce poste ; s'il y a des criminels qu'il n'ait pas été possible d'envoyer à la prison du quartier général, ils sont attachés et gardés particulièrement ; un caporal marche derrière eux. En arrivant au camp, les prisonniers sont immédiatement mis au travail forcé, à la construction des retranchements. Ils forment un atelier spécial surveillé par des hommes la baïonnette au canon. Les prisonniers passibles de la courmartiale sont consignés au poste avancé de la nouvelle garde de police jusqu'au moment où ils sont conduits à la prison du quartier général.

La juridiction des conseils de guerre cesse de plein droit sur tout territoire en état de guerre ou de siége, ou sur tout territoire sur lequel l'ordre de mobilisation est publié, et à dater du jour de la publication. Elle est remplacée par la juridiction des cours martiales.

Dans toute localité où se trouve une réunion de troupe de la force d'un bataillon, d'un escadron ou d'une batterie, il est établi une cour martiale. Il en est de même dans tout détachement de cette force, s'il est isolé ; un train de chemin de fer contenant un bataillon, un escadron ou une batterie est considéré comme détachement isolé.

Toutes les localités où doivent se réunir des troupes en cas de mobilisation sont pourvues dès le temps de paix des imprimés et des exemplaires de la loi martiale nécessaires pour que la cour puisse être installée dès que l'ordre de mobilisation est connu.

Les détachements sont pourvus des mêmes imprimés et exemplaires, avant leur départ, par les soins des chefs de corps ou des commandants du territoire.

Il est interdit de tirer des armes à feu dans les marches,

dans les camps et dans les cantonnements; cette faute est d'abord punie disciplinairement, si elle se renouvelle, elle sera considérée comme destruction volontaire de munitions, et le coupable sera traduit devant la cour martiale.

Les hommes doivent représenter, à toute réquisition de leurs chefs, la quantité de vivres de réserve et le nombre des cartouches qui leur ont été distribués. Les militaires auxquels il manquera des uns ou des autres, seront d'abord punis disciplinairement. En cas de récidive, ils seront déférés à la cour martiale, sous l'inculpation de perte volontaire de munitions.

Seront traités comme maraudeurs et punis comme tels les traînards avec ou sans armes; quand ils auront déjà été punis disciplinairement pour ce motif, ils seront traduits devant la cour martiale.

La juridiction pénale des prévôtés, prévue par les articles 51, 52 et 75 du code de justice militaire, s'étend à la suite du corps d'armée sur tout le sol français. Pendant la période de mobilisation, elle s'étend aux localités où se rassemblent les troupes.

Extrait de la loi martiale.

Art. 6. — Sont punis de mort les crimes et délits suivants :

1° Assassinat — meurtre — insoumission — désertion — embauchage pour commettre un des faits punis de mort par la présente loi — complicité dans un de ces faits — espionnage — vol — maraudage — pillage avec ou sans armes — refus de service à un supérieur, avec ou sans menaces ou injures — inexécution d'ordres compris et réitérés, avec intention d'opposer l'inertie — injures, menaces, voies de fait envers un supérieur — provocation en paroles à la révolte ou à l'indiscipline — ivresse causant scandale ou désordre — ivresse en présence de l'ennemi, ou dans les postes les plus près de l'ennemi — bris d'armes — perte volontaire d'armes — destruction ou perte de munitions, même en tirant, sans ordres, des armes à feu dans les marches, dans les camps ou dans les cantonnements — destruction ou perte volontaire de vivres de distribution.

2° Tout soldat trouvé endormi en faction ou en vedette dans les postes les plus près de l'ennemi sera puni de mort.

3° Tout soldat en sentinelle ou en vedette, qui n'aura pas exécuté sa consigne dans les postes les plus près de l'ennemi, sera puni de mort.

4° Les conducteurs d'artillerie, de charrois, de vivres, d'hôpitaux ambulants et autres qui, pouvant sauver leurs voitures, seront convaincus de les avoir abandonnées, seront punis de mort.

5° Le soldat qui vend ou met en gage ses effets d'armement, d'habillement ou d'équipement est assimilé à celui qui perd volontairement ses armes ou ses munitions, et est puni de mort.

6° Ceux qui auront quitté la France pour se soustraire aux obligations du service militaire, seront bannis à perpétuité du territoire français et leurs biens seront acquis à la République.

L'infraction à leur bannissement sera punie de mort. Les municipalités sont spécialement chargées de dresser la liste de ces citoyens et d'en faire passer copie aux commandants de recrutement, qui l'adresseront au ministre de la guerre.

7° Au feu, tout officier ou sous-officier est autorisé à tuer l'homme qui fait preuve de lâcheté en n'allant pas se mettre au poste qui lui est indiqué, ou en jetant le désordre par fuite, panique ou autre fait de nature à compromettre les opérations de la compagnie et son salut, qui dépend de la résistance et de l'accomplissement courageux du devoir.

Tel pourra être le dernier chapitre des instructions sur le service de l'infanterie et de la cavalerie en campagne. Ces instructions étant entre les mains de tous les militaires, nul ne pourra ignorer les dangers auxquels il s'expose pour toute infraction au devoir militaire. Ce chapitre pourrait encore être inséré dans le règlement sur le service intérieur du 2 novembre 1833, et formerait un chapitre spécial, qui trouverait place après celui des punitions.

Voici maintenant la rédaction qui pourrait être donnée à la loi martiale :

LOI MARTIALE

ARTICLE PREMIER

A partir du jour de la publication de l'ordre de mobilisation, des cours martiales sont établies pour remplacer les conseils de guerre dans les chefs-lieux de subdivisions de région, dans les divisions actives et dans les corps de troupes détachées de la force d'un bataillon, d'un escadron ou d'une batterie au moins qui marchent isolément.

Un train de chemin de fer portant une fraction de troupes de la force d'un bataillon, d'un escadron ou d'une batterie est assimilé à un corps de troupes qui marche isolément.

ART. 2

Il n'y aura lieu ni à cassation ni à révision des sentences rendues par les cours martiales.

ART. 3

La plainte dressée par l'autorité qui aura constaté le délit ou le crime, et portant le nom des témoins, sera transmise, dès l'arrivée au gîte du soir, à l'officier le plus élevé en grade. Celui-ci donnera l'ordre de la convocation immédiate de la cour martiale, qui se réunira aussitôt au lieu indiqué par son président.

Dans un train de chemin de fer, la plainte peut être remise à l'officier le plus élevé en grade, à la première gare où le train s'arrête. Cet officier peut ordonner la convocation immédiate de la cour dans une des salles de la gare.

Le président donnera lecture de la plainte en présence de l'accusé ; le conseil entendra les témoins présents de l'accusation, puis l'accusé et les témoins à décharge qu'il appellera, s'ils sont présents ; l'accusé aura la parole le dernier. Il n'y aura pas de plaidoirie par avocat pour ou contre.

Le président fera sortir l'accusé, résumera les dépositions faites en faveur de l'accusé et celles faites contre lui. Il posera en ces termes une question unique aux membres du conseil, en commençant par le moins élevé en grade :

Au nom de la patrie,

Le nommé « un tel » est-il coupable d'avoir brisé son arme, ou insulté son supérieur ? etc..., etc... »

Il sera répondu par oui ou par non.

La majorité simple décidera de la culpabilité.

Le greffier rédigera, séance tenante, le procès-verbal, et le président, faisant rentrer l'accusé, lui lira la sentence qui le condamne ou qui l'acquitte.

En cas de condamnation, la sentence sera exécutée le lendemain matin, avant le départ des troupes, en présence du bataillon auquel appartient le coupable.

Dans un train de chemin de fer, la sentence peut être exécutée immédiatement avant que le train ne se mette en marche.

ART. 4

Pour les soldats, caporaux, brigadiers et sous-officiers, la cour martiale de la division se composera d'un chef de bataillon président, de deux capitaines, d'un lieutenant ou d'un sous-lieutenant, et d'un sous-officier, qui appartiendra toujours à la compagnie de l'accusé. Un sergent-major remplira les fonctions de commis greffier, sans voix délibérative.

Pour toute fraction constituée de la division, en station ou en marche isolément, de la force d'un bataillon, ou commandée par un chef de bataillon, la cour martiale se composera de deux capitaines, dont le plus ancien présidera, d'un lieutenant ou sous-lieutenant et de deux sous-officiers, dont l'un appartiendra toujours à la compagnie de l'accusé ; un sergent-major sera greffier.

Si le détachement est commandé par un capitaine, la cour martiale se composera d'un capitaine, président, de deux lieutenants ou sous-lieutenants et de deux sous-officiers, dont l'un appartiendra toujours à la compagnie de l'accusé ; un sergent-major sera greffier.

Les membres de la cour martiale seront pris par rang d'ancienneté, jusqu'à épuisement de la liste des officiers, sans qu'aucun d'eux puisse décliner cette fonction, sous peine de réforme.

Les juges seront renouvelés, autant que faire se pourra, à chaque vacation, c'est-à-dire après que les prévenus pour lesquels ils auront été convoqués seront définitivement jugés.

ART. 5

La composition des cours martiales pour les officiers sera la même que celle des conseils de guerre concernant les officiers, mais la procédure sera la même que celle suivie à l'égard des soldats, caporaux, brigadiers et sous-officiers.

ART. 6

Sont punis de mort les crimes et délits suivants :

1° Assassinat; meurtre ; insoumission ; désertion ; embauchage pour commettre un des faits punis de mort par la présente loi ; complicité dans un de ces faits ; espionnage ; vol ; maraudage ; pillage avec ou sans armes ; refus de service à un supérieur, avec ou sans menaces ou injures ; inexécution d'ordres compris et réitérés avec intention d'opposer l'inertie ; injures, menaces, voies de fait envers un supérieur ; provocation en paroles à la révolte ou à l'indiscipline ; ivresse causant scandale ou désordre ; ivresse en présence de l'ennemi ou dans les postes les plus près de l'ennemi ; bris d'armes ; perte volontaire d'armes ; destruction ou perte de munitions, même en tirant, sans ordres, des armes à feu dans les marches, dans les camps ou dans les cantonnements ; destruction ou perte volontaire des vivres de distribution.

2° Tout soldat trouvé endormi en faction ou en vedette dans les postes les plus près de l'ennemi sera puni de mort.

3° Tout soldat en sentinelle ou en vedette, qui n'aura pas exécuté sa consigne dans les postes les plus près de l'ennemi sera puni de mort.

4° Les conducteurs d'artillerie, de charrois, de vivres, d'hôpitaux ambulants et autres qui, pouvant sauver leurs voitures, seront convaincus de les avoir abandonnées, seront punis de mort.

5° Le soldat qui vend ou met en gage des effets d'armement, d'équipement ou d'habillement est assimilé à celui qui perd volontairement ses armes ou ses munitions et puni de mort.

6° Ceux qui auront quitté la France pour se soustraire aux obligations du service militaire seront bannis à perpétuité du territoire français, et leurs biens seront acquis à la République.

L'infraction à leur bannissement sera punie de mort. Les municipalités sont spécialement chargées de dresser la liste de ces citoyens et d'en faire passer copie aux commandants de recrutement, qui l'adresseront au ministre de la guerre.

7° Au feu, tout officier ou sous-officier est autorisé à tuer l'homme qui fait preuve de lâcheté en n'allant pas se mettre au poste qui est indiqué, ou en jetant le désordre par fuite, panique ou autre fait de nature à compromettre les opérations de la compagnie et son salut, qui dépend de la résistance et de l'accomplissement courageux du devoir.

ART. 7

Tout individu non militaire, qui se rendra complice d'un militaire dans un des crimes ou délits prévus ci-dessus, sera soumis à la même juridiction et passible des mêmes peines.

ART. 8

Seront traités comme maraudeurs et punis comme tels, les traînards, avec ou sans armes, que les médecins du corps n'auront pas autorisés à suivre avec l'arrière-garde, et les traînards autorisés à suivre avec l'arrière-garde, s'ils ne marchent pas en ordre sous sa conduite.

ART. 9

Chaque division aura une prévôté composée de trente-deux gendarmes à cheval, commandés par un officier. Cette troupe se divisera, au besoin, de manière que chaque portion de corps marchant isolée soit accompagée au moins de deux gendarmes et d'un brigadier.

La prévôté arrêtera d'elle-même tous les délinquants, quels qu'ils soient, officiers ou non, et dressera ses procès-verbaux des délits commis, qui seront aussitôt transmis au commandant de la colonne. Contre les délinquants arrêtés qui tenteraient de fuir ou de faire résistance, elle fera usage de ses armes.

La prévôté recevra et conduira les délinquants qui lui seront remis par une autorité quelconque de la colonne.

Quand il y aura lieu, il lui sera donné des hommes de garde pour conduire les délinquants.

La juridiction pénale des prévôtés, prévue par les art. 51, 52 et 75 du code de justice militaire s'étend à la suite du corps d'armée sur tout le sol français. Pendant la période de mobilisation, elle s'étend aux localités où des troupes sont rassemblées.

ART. 10

Tous les manquements simples au service seront punis par la garde de police, — les corvées, — le doublement des sentinelles des grand'gardes et avant-postes; mais une de ces sentinelles, ou deux, ou toutes les deux, s'il n'y a pas d'hommes punis appartiendront toujours à la fraction constituée de la grand'garde; — le travail forcé aux fortifications du camp; — la prison; — les prisonniers peuvent être mis au pain et à l'eau; — les hommes ivres, qui causent du désordre peuvent être attachés.

ART. 11

Les dispositions de la présente loi s'appliqueront à tous les corps de troupes armés, équipés et entretenus aux frais de la République, ou qui auraient seulement reçu l'attache de belligérants.

ART. 12

Dans tous les cas non prévus par la présente loi, les pénalités édictées par le code de justice militaire devront être appliquées.

ART. 13

La loi martiale est suspendue à la cessation des hostilités

par décret du président de la République, mais le sixième paragraphe de l'article 6 de la loi restera en vigueur, et les citoyens arrêtés seront traduits devant le conseil de guerre de leur région.

ART. 14

Le ministre de la guerre est chargé de l'exécution de la présente loi.

Cette loi est certainement très-draconienne, mais on remarquera que les chefs de corps ou de détachements sont toujours libres d'appliquer les peines disciplinaires avant de traduire les coupables devant la cour martiale. Il leur appartient d'apprécier les circonstances de la faute. La loi martiale est là pour punir les incorrigibles et couper court à toute infraction à la discipline qui menacerait de s'étendre, et que les peines disciplinaires ne suffiraient pas à réprimer. Elle est là encore pour établir dès le commencement une forte discipline, car il est incontestable, comme le dit Ternay, que la manière dont la machine militaire est montée à l'ouverture de la campagne, influe beaucoup sur la manière dont elle se soutient pendant tout son cours.

Enfin que ceux qui auraient encore quelque doute dans l'esprit sur la nécessité de proclamer la loi martiale méditent la pensée de Fénelon qui sert d'épigraphe à cette étude : « C'est une clémence que de faire d'abord des exemples qui arrêtent le cours de l'iniquité. Par un peu de sang répandu à propos, on en épargne beaucoup, et on se met en état d'être craint sans user beaucoup de rigueur. »

1286 — Paris. Imp. Laloux fils et Guillot, 7, rue des Canettes.

www.ingramcontent.com/pod-product-compliance
Ingram Content Group UK Ltd.
Pitfield, Milton Keynes, MK11 3LW, UK
UKHW020414230726
13925UKWH00004B/1429

9 782016 177211